KONSTRUKTIVES FEEDBACK

Tipps zum Geben und Empfangen von konstruktiver Kritik

AF348599

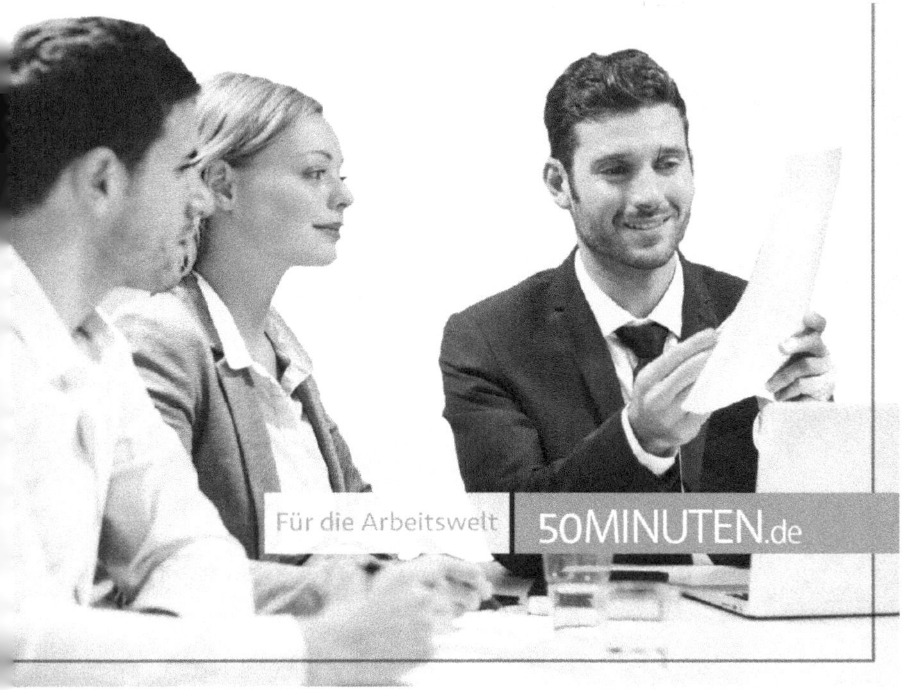

Für die Arbeitswelt

50MINUTEN.de

KONSTRUKTIVES FEEDBACK

Tipps zum Geben und Empfangen von konstruktiver Kritik

Verfasst von Véronique Bronckart
Übersetzt von Leonie Kremer

Für die Arbeitswelt   50MINUTEN.de

KONSTRUKTIVES FEEDBACK

- **Ziel:** Es ist weder leicht, Kritik zu akzeptieren, noch zu kritisieren, ohne die Person zu verletzen oder beleidigen. Welche Methoden für effizientes und konstruktives Feedback gibt es? Wie kann man aus einer schlechten Kritik etwas Positives ziehen?
- **Anwendung:** Feedback ist für Sie und Ihre Mitarbeiter essentiell, denn der Empfänger kann sich dadurch weiterentwickeln, ein gutes Verhalten beibehalten oder ein schlechtes ändern, um ein bestimmtes Ziel zu erreichen.
- **Arbeitskontext:** Teamführung, Sozialkompetenzen, Persönlichkeitsentwicklung
- **FAQ:**
  - Was ist Feedback?
  - Wann sollte ich Feedback übermitteln?
  - Welchen Ton sollte ich anschlagen, damit mein Feedback richtig aufgenommen wird?
  - Welche Schritte muss man befolgen?
  - Was ist der Unterschied zwischen Feedback und einer Beurteilung?

- Welche Fehler sollte man vermeiden?
- Ich kann Kritik nur schwer annehmen, wie kann ich besser mit Feedback umgehen?
- Die betroffene Person ist sehr sensibel, wie kann ich ihr Feedback geben?
- Wie kann ich sicherstellen, dass mein Feedback angekommen ist?
- Kann man beim Feedback alle Themen ansprechen?

EINLEITUNG

In unserer Gesellschaft, die immer mehr Leistungs- und Entwicklungsfähigkeit fordert, ist es unerlässlich sich Feedback zu seiner Arbeit geben zu lassen und sich über seine Stärken, Schwächen oder einfach seinen Fortschritt bewusst zu werden. Wenn Feedback in Ihrem Unternehmen jedoch nicht vorgesehen ist, stellt sich die Frage, welche Möglichkeit Sie sonst haben, um einem Angestellten oder Kollegen zu sagen, dass seine Arbeitsweise nicht in Ordnung ist, ohne ihn zu verletzen. Wie lobt man eine Person, ohne dass sie sich danach auf ihren Lorbeeren ausruht? Wie kann man die Kritik von jemand anderen konstruktiv aufnehmen? Lösen

Sie dieses Problem und führen Sie eine Feedback-Kultur in Ihrem Arbeitsumfeld ein! Dieses Buch wird Ihnen dabei helfen.

EFFIZIENTES FEEDBACK: DIE GRUNDLAGEN

Was ist Feedback?

TERMINOLOGIE

Das Wort „Feedback" kommt aus dem Englischen und bedeutet so viel wie „Rückmeldung". Dem DUDEN zufolge handelt es sich dabei um eine „Reaktion, die jemandem anzeigt, dass ein bestimmtes Verhalten, eine Äußerung o. Ä. vom Kommunikationspartner verstanden wird [und zu einer bestimmten Verhaltensweise oder -änderung geführt hat]". Dies ermöglicht es, Stärken und Schwächen zu einem bestimmten Zeitpunkt aufzuzeigen sowie Verbesserungsmöglichkeiten anzuvisieren.

Feedback ist eine Art Bilanz, die für eine Person oder Gruppe bestimmt ist, hinsichtlich eines abgeschlossenen Projekts, oder einer zu einem bestimmten Zeitpunkt ausgeführten Tätigkeit. Das Ziel dieser Rückmeldung ist, entweder positives Verhalten in Zukunft zu stärken oder Betroffene ihr Verhalten überdenken zu lassen. Feedback dient ebenfalls Managern dazu, ihren Angestellten oder ihrem Team Anerkennung zeigen und eine Person für eine bestimmte Arbeit zu loben. Man unterscheidet dafür zwischen zwei Typen:

- **Verbal:** Die Meinung wird klar geäußert. Man spricht dabei von „direktem Feedback".
- **Nonverbal:** durch eine Geste oder Schweigen. Es handelt sich dann um „indirektes Feedback", das das Verhalten des anderen bestätigt.

Damit Feedback effizient ist, muss es einerseits neutral sein und andererseits regelmäßig gegeben werden. Wichtig dabei ist, dass es direkt nach dem betroffenen Vorkommnis erfolgt. Am besten sollte es von Angesicht zu Angesicht an einem ruhigen Ort stattfinden. Feedback darf niemals dafür missbraucht werden, eine Person zu verurteilen oder sie verändern zu wollen, da sich der Betroffene sonst beleidigt fühlen und abblocken könnte. Feedback ist weder Kritik noch Bestrafung! Anstatt sich über etwas auszulassen, über das man unzufrieden ist, sollte das Ziel immer sein, seinem Gegenüber seine Fehler, seinen Fortschritt oder die Erwartungen an ihn aufzuzeigen.

Feedback basiert immer auf Fakten, sodass die jeweilige Person ihre Kompetenzen, ihr Verhalten und ihre Leistung verbessern kann. Es muss mit klaren und präzisen Zielen einhergehen, damit die Person versteht, warum sie ihr Vorgehen ändern muss oder ihre Kompetenzen in einem bestimmten Bereich vertiefen muss.

Die vier Arten von Feedback

Man kann vier Arten von Feedback unterscheiden, die unterschiedliche Effekte auf die betroffene Person haben. Bestärkendes und korrigierendes Feedback sind empfehlenswert, während es schmeichelndes und provokatives Feedback zu vermeiden gilt.

- **Bestärkendes Feedback** (positiv und spezifisch): Handlungen/Tätigkeiten werden gelobt und die Person wird ermutigt, auf diese Weise weiterzumachen. Diese Art fördert das Selbstbewusstsein und hat das Ziel, das Verhalten der Person beizubehalten.

- ◦ **Beispiel**: „Lukas, ich finde es gut, dass du dich primär um diese Akte kümmerst. Sie muss diese Woche fertig bearbeitet werden und ohne deine Mitarbeit würde ich das nie schaffen. Ergreife weiterhin die Initiative!"

- **Korrigierendes oder konstruktives Feedback** (negativ und spezifisch): Die Handlungen werden auf positive Weise kritisiert und dann optimiert. So wird das Selbstbewusstsein nicht angegriffen, aber das Verhalten verbessert.
  - ◦ **Beispiel**: „Elisabeth, mir ist aufgefallen, dass du diesen Monat dreimal zu spät gekommen bist. Du warst jedes Mal 10 bis 15 Minuten zu spät. Ich denke, dass du eine einfache Lösung dafür finden kannst, dass das nicht mehr passiert."

- **Schmeichelndes Feedback** (positiv und allgemeingültig): Es wird zu keinem bestimmten Zeitpunkt und aus keinem ersichtlichen Grund angesprochen. Es erweckt deshalb Misstrauen und vermindert das Selbstwertgefühl. Die Person fühlt sich so, als würde sie dem Manager etwas schuldig sein.
  - ◦ **Beispiel**: „Tom, du bist der Beste! Ich weiß,

dass ich immer auf dich zählen kann!"

- **Provozierendes Feedback** (negativ und unspezifisch): Es handelt sich eher um ein Urteil als um Feedback. Es verringert das Selbstwertgefühl extrem und kann Blockaden auslösen.
  - **Beispiel**: „Ich konnte dir noch nie vertrauen und heute hast du mir mal wieder den Beweis dafür gegeben. Du bist für nichts zu gebrauchen!"

Feedback Arten (1)

	Bestärkendes Feedback +	Korrigierendes oder konstruktives Feedback -
Über das Verhalten „MACHEN"	„Ich finde es gut, dass du diese Akte übernimmst und Initiative ergreifst, das hilft uns sehr." „Dein Beitrag bei dem Meeting gestern war sehr nützlich, da wir dadurch mit der Akte weitermachen konnten." „Ich finde es gut, wie du den Bericht geschrieben hast, er ist klar und präzise."	„Ich habe bemerkt, dass du oft zu spät bist." „Mir ist aufgefallen, dass deine Ordner nicht am richtigen Ort eingeordnet sind." „Dein Bericht ist nicht vollständig und nicht präzise genug."

Feedback Arten (2)

	Bestärkendes Feedback +	Korrigierendes oder konstruktives Feedback –
Über die Persönlichkeit „SEIN"	„Ich erkenne deine Kompetenzen in diesem Bereich an." „Deine Reaktion heute Morgen war sehr professionell und hat eine Katastrophe verhindert." „Obwohl ich nicht voll und ganz einverstanden bin, finde ich deine Meinung zu diesem Thema interessant."	Es gibt kein korrigierendes Feedback zur Persönlichkeit.

	Schmeichelndes Feedback +	Provozierendes Feedback -
Über das Verhalten „MACHEN"	„Du machst gute Arbeit!" „Wie immer hast du die Situation gut geregelt!" „Die Bearbeitung deiner Akten ist immer ausgezeichnet."	„Deine Bemerkung hat die Situation verschlimmert, nie machst du was richtig!" „Dein Bericht ist wirklich schlecht!" „Dein Büro ist ein Saustall!"
Über die Person „SEIN"	„Du bist mutig!" „Deine Effizienz ist nicht zu leugnen!" „Du bist der ideale Mitarbeiter!"	„Du kannst gar nichts!" „Dein Verhalten ist unverbesserlich!" „Du bist eine Katastrophe für das Unternehmen!"

Effizienz von Feedback

Feedback ist ein essentielles Hilfsmittel, wenn wie durch progressive Anpassungen etwas verbessern und unsere Ziele erreichen wollen.

Es hilft bei der Kommunikation, sowie der Auswertung und Beobachtung von Leistung. Außerdem erfährt man dadurch, wo man steht und ob man mit einer bestimmten Situation effektiv oder nicht umgehen kann. Es beleuchtet auch Bereiche, die verbessert werden sollten, um ein Scheitern zu verhindern.

Um Feedback optimal zu übermitteln, ist es unabdingbar:

- der Person Bescheid zu sagen, damit sie sich darauf vorbereiten kann, Feedback zu erhalten.
- sich an die Fakten zu halten und das beobachtete Verhalten zu beschreiben.
- die Konsequenzen dessen zu erklären.
- im Falle eines bestärkenden Feedbacks, die Person darum zu bitten, gleichermaßen weiterzumachen. Dadurch wird sichergestellt, dass das Verhalten beibehalten wird.
- im Falle eines korrigierenden Feedbacks, ihr keine Veränderungen auferlegen, sondern vorschlagen, dass sie selber eine Lösung finden kann.

Ein positives Feedback erfüllt das Bedürfnis des Gegenübers für Anerkennung und Zugehörigkeit und wird es motivieren so weiterzumachen. Wie in der Bedürfnispyramide von Maslow (amerikanischer Psychologe, 1908-1970) folgen die fundamentalen menschlichen Bedürfnisse einer bestimmten Hierarchie. Nach dieser Theorie muss das unterste Bedürfnis der Pyramide erfüllt sein, damit das nächst höhere befriedigt werden kann.

Die Bedürfnispyramide

Positives Feedback kann ein ausschlaggebender Faktor für die Motivation eines Angestellten sein. Wenn man die Pyramide betrachtet, dann fällt auf, dass Anerkennung und Wertschätzung der eigenen Kompetenzen Auslöser für Motivation sind. So wird sich der Angestellte nach und nach immer weniger bemühen und immer demotivierter sein, wenn er keine Anerkennung erfährt. Wenn seine Bemühungen andererseits klar erkannt werden, wird er zu dem Schluss kommen, dass sich seine harte Arbeit auszahlt, und sich entsprechend verbessern.

DIE KUNST EINES KONSTRUKTIVEN FEEDBACKS

Vorbereitung

Bevor Sie Feedback geben, müssen Sie den richtigen Moment und Ort vereinbaren:

- **Der richtige Moment**: Es ist empfehlenswert die Unterhaltung mit den betroffenen Mitarbeitern so bald wie möglich zu führen, damit der Austausch nicht an Bedeutung verliert, sondern seinen gewünschten Effekt erzielt. Wenn Feedback erst drei Monate später übermittelt wird, ist es wahrscheinlich ineffizient: Ihr Gegenüber hat dann vermutlich schon vergessen, worum es geht und versteht Ihre Erklärungen nicht.

- **Der richtige Ort**: Es ist ebenso wichtig, einen geeigneten Ort zu finden. Es ist sowohl für Sie als auch für Ihre Kollegen schwierig und unangenehm Feedback beim gemeinsamen Mittagessen in der Kantine oder vor der Kaffeemaschine zu besprechen. Planen Sie ein Treffen mit der Person zu einer bestimmten Zeit, an einem neutralen Ort und teilen Sie es ihr frühzeitig mit, damit sie nicht überrumpelt wird und sich verschließt.

Zudem sollten Sie sich immer direkt an die betroffene Person wenden, oder anders gesagt: Beauftragen Sie keinen Vermittler (beispielsweise einen Kollegen oder Teamchef) um Ihr Feedback zu übermitteln, denn dadurch riskieren Sie, dass Ihre Nachricht verzerrt wird oder nicht alles gesagt wird. Verlassen Sie sich nicht auf Gerüchte, sondern stellen Sie sicher, dass Sie die richtige Person ausfindig machen.

Zu vermeiden

- Feedback vor einer Gruppe geben, die nichts mit der Sache zu tun hat.
- Für Feedback auf das jährliche Meeting warten.
- Feedback nicht richtig ausformulieren und

sich nicht die Zeit nehmen dem Gegenüber etwas zu erklären oder zuzuhören.

Erklärung der Situation

Der erste Schritt beim effektiven Feedback-Geben besteht darin, den Kontext detailliert zu beschreiben. Es ist sehr wichtig, Ihrem Gegenüber die Situation, um die es gehen soll, auf klare und konkrete Weise ins Gedächtnis zu rufen. Versichern Sie sich, dass die Person sich daran erinnert und versteht, wovon Sie reden.

Wenn Sie also sagen „Bei dem Meeting Montagnachmittag mit dem Lieferanten XY ist mir aufgefallen, dass...", weiß Ihr Zuhörer direkt, worauf Sie sich beziehen und kann Ihnen aktiv zuhören. Fangen Sie jedoch so an: „Bei dem Meeting ist mir aufgefallen, dass...", denkt Ihr Zuhörer erst darüber nach, von welchem Meeting Sie überhaupt sprechen und hört Ihnen des Weiteren nur mit halbem Ohre zu.

Die richtige Haltung

Feedback konzentriert sich immer auf die Analyse eines Verhaltens oder einer Handlung und beinhaltet niemals ein Urteil. Zeigen Sie sich so empathisch und gleichzeitig neutral wie möglich. Bringen Sie Ihre mögliche Unzufriedenheit nicht auf aggressive oder impulsive Weise zum Ausdruck, da dies die Situation verschlimmern könnte. Wenn Sie objektiv bleiben und Ihre Sichtweise der Dinge schildern – wobei Sie sich auf Fakten stützen sollten – , ist Ihr Zuhörer offener und empfänglicher für positives Feedback. Ausschließlich beschreibende Äußerungen zu machen wird die Unterhaltung ebenfalls erleichtern.

Sorgen Sie für gegenseitiges Vertrauen und zeigen Sie Ihrem Mitarbeiter, dass Sie ihn nicht bestrafen, sondern ihm helfen wollen. Feedback sollte kein Monolog sein, also lassen Sie ihn sich einbringen, sich erklären und seine Meinung und Gefühle bezüglich der Situation äußern.

Versuchen Sie dann, gemeinsam konkrete und realistische Verbesserungsmöglichkeiten zu finden. Indem Sie den Austausch antreiben und Ihren Gegenüber mit einbeziehen, fühlt sich dieser weniger bedroht und wird sich über die nötigen Veränderungen bewusst. Wenn Sie sagen: „Seit einiger Zeit beobachte ich, dass deine Akten nicht mehr geordnet sind und verloren gehen. Kannst du mir sagen, wie du dieses Problem beseitigen willst?", ist die Person empfänglicher dafür ihr Verhalten zu ändern, als wenn Sie sie mit Formulierungen wie: „Du hast wirklich keine Ordnung in deinen Akten, das regt mich auf!" angreifen.

Übermittlung der Nachricht

Ihr Feedback sollte nicht aus heiterem Himmel kommen, weswegen Sie besser mit einer kurzen Einleitung anfangen, z. B. „Kann ich etwas mit dir besprechen?", sodass die Person weiß, was auf sie zukommt.

Ihre Nachricht sollte kurz, klar und präzise sein. Vermeiden Sie es, zu philosophieren, sich in langen Erklärungen zu verlieren oder sich auf ähnliche Erfahrungen zu beziehen. Nennen Sie die Fakten auf ruhige, nicht aggressive Weise und benutzen Sie einfache, präzise Worte. Es geht nur darum, das beobachtete (negative oder positive) Verhalten und die daraus folgenden Konsequenzen zu beschreiben.

Vergewissern Sie sich, dass Ihre Nachricht richtig verstanden wurde, um Missverständnisse zu vermeiden. Beenden Sie die Unterhaltung, indem Sie Ihren Gegenüber:

- im Falle eines korrigierenden Feedbacks ermutigen.
- im Falle eines bestärkenden Feedbacks loben.

Ein klares Ziel setzen

Erklären Sie der Person, welche Konsequenzen ihr Verhalten auf Sie und das Unternehmen hatte. Ihr Ziel ist dabei nicht, Schuldgefühle hervorzurufen, sondern der Person die Konsequenzen ihres Handelns bewusst zu machen, sodass sie sich verbessern kann. Definieren Sie ein klares Ziel und gehen Sie sicher, dass Ihre Erwartungen und die neuen Anforderungen verstanden werden. Ansonsten besteht für sie kein Anreiz zu Veränderung. Bieten Sie ihr an, eigene Verbesserungsvorschläge und Lösungsansätze einzubringen. Falls sie keine hat, sprechen sie miteinander und legen sie gemeinsam ein Ziel fest. Am Ende sollten Sie nochmals Ihre Unterstützung deutlich machen und betonen, dass der Plan für die Zukunft gemeinschaftlich aufgestellt wurde.

- **Beispiel**: „Von jetzt an solltest du deine Soßen testen, bevor du sie servierst, um sicherzugehen, dass sie nicht versalzen sind. Ich vertraue dir, denn ich weiß aus eigener Erfahrung, dass du hervorragend kochen kannst."

Entwicklung verfolgen

Nach dem Feedback werden Sie Ihren Mitarbeiter langzeitig beobachten, um sich von der Wirkung Ihres Gesprächs zu vergewissern. Natürlich kann es sein, dass er etwas Zeit braucht, um sich merklich zu verbessern: Seien Sie geduldig. Beobachten Sie eine positive Entwicklung? Wenn die Antwort „Nein" ist, stellen Sie sicher, dass Ihre Nachricht wirklich richtig verstanden worden ist, und bitten Sie ihn falls nötig noch einmal darum, sich zu bessern.

TIPP FÜR DEN ARBEITGEBER

Arbeitgeber verwenden Feedback nachweislich hauptsächlich zum Kritisieren. Trotzdem ist es mindestens genauso wichtig, Angestellte zu loben, wenn Sie es verdienen und sie zu ermutigen so weiterzumachen.

Vermeidbare Fehler

Es ist nicht einfach, ein effizientes Feedback zu vermitteln, das gut aufgenommen wird und zu mehr Produktivität führt. Oftmals hat man Angst, sich nicht richtig ausdrücken zu können, dass seine Äußerungen falsch interpretiert werden und wie ein Vorwurf aufgenommen werden. Wir befürchten auch, Dinge zu sagen, die wir später bereuen und die unsere Geschäftsbeziehungen beeinträchtigen könnten.

Mögliche Fehler (1)

Begangene Fehler	**Ein Urteil fällen:** Der meist begangene Fehler ist die Person zu beurteilen anstelle ihres Verhaltens. Dies ist eher eine (nicht konstruktive) Kritik. Wenn Sie Ihre Erwartungen zu direkt oder impulsiv ausdrücken, fühlt sich Ihr Gegenüber möglicherweise in die Defensive gedrängt. Er wird Ihr Feedback wie einen persönlichen Angriff wahrnehmen, sich genötigt fühlen, sich zu rechtfertigen und seine Energie für seine Verteidigung verbrauchen. Dadurch schwinden die Chancen auf eine konstruktive und positive Diskussion.
Was man nicht sagen sollte	„Du musst lernen im Team zu arbeiten!" „Du kannst nicht im Team arbeiten!"
Was man sagen sollte	„Deine Art im Team zu arbeiten ist nicht ideal, du solltest daran arbeiten."

Mögliche Fehler (2)

Begangener Fehler	**Nicht direkt genug sein:** Wenn Sie Ihre Forderung wie eine Frage formulieren, kann dies falsch interpretiert werden. Die andere Person könnte negativ reagieren oder einfach der Forderung nicht bewusst sein.
Was man nicht sagen sollte	„Denkst du, du kannst bei unserem nächsten Projekt aufmerksamer und aktiver sein?"
Was man sagen sollte	„Ich wünsche mir, dass du bei unserem nächsten Projekt aufmerksamer und aktiver bist."

Mögliche Fehler (3)

Begangener Fehler	**Zu vage sein:** Ihr Gegenüber wird nicht verstehen, warum Sie zu diesem Zeitpunkt mit ihm sprechen und was Sie von ihm erwarten. Wenn Sie wollen, dass diese Person weiterhin effizient arbeitet, müssen Sie ihr genau erklären, wofür Sie sie loben, was sie gut gemacht hat und welches Verhalten angemssen war.
Was man nicht sagen sollte	„Du hast guten Menschenverstand bewiesen." „Es ist super, was du mit der Peters-Akte gemacht hast."
Was man sagen sollte	„Beim Fall von heute Morgen hast du guten Menschenverstand bewiesen." „Die Verbesserungen, die du an der Peters-Akte vorgenommen hast, sind sehr konstruktiv und sie helfen uns, in Zukunft bestimmte administrative Probleme zu vermeiden."

Mögliche Fehler (4)

Begangener Fehler	**Zu lange reden:** Es ist wichtig, den Umfang Ihres Feedbacks zu begrenzen. Es bringt nichts, die Situation mit Ihrer persönlichen Erfahrung zu vergleichen, Ratschläge anzuhäufen oder andere Probleme ohne Zusammenhang lösen zu wollen. Überfluten Sie die Person nicht mit unnötigen Informationen, da sie nicht alle verarbeiten kann und daraus keinen Nutzen zieht.
Was man nicht sagen sollte	„Obwohl ich weiß, dass es nicht immer eindeutig ist, wie man in solchen Situationen reagieren sollte, denke ich, dass das Verhalten einiger Teammitglieder nicht adäquat war und uns das geschadet hat in Bezug auf... Ich erinner mich auch daran, dass...”
Was man sagen sollte	„Das Verhalten von Paul und Philip bei dem Krisen-Meeting gestern war nicht angemessen und hat unserem Unternehmen geschadet.” (Des Weiteren sollten Sie erklären warum.)

Mögliche Fehler (5)

Begangener Fehler	**Ironie benutzen:** Wenn Sie Ihren Mitarbeiter ironisch darauf ansprechen, dass er zu spät zu einem Meeting kommt, hat das keine positive Auswirkung, denn er wird das Ausmaß seines Verhaltens nicht begreifen. Diese Art von Feedback wird häufig dann gegeben, wenn man unzufrieden mit einer Situation ist oder man seine Gedanken nicht mit Worten ausdrücken kann.
Was man nicht sagen sollte	„Pünktlich wie immer!"
Was man sagen sollte	„Ich wünsche mir, dass du bei Meetings pünktlich bist. Das ist ein Ausdruck von Respekt gegenüber deinen Kollegen und Kunden." (Sprechen Sie den Mitarbeiter nach dem Meeting an.)

Mögliche Fehler (6)

Begangener Fehler	**Drohen:** Jemandem zu sagen, dass sein Arbeitsplatz auf dem Spiel steht, bringt diese Person nicht dazu ihr Verhalten zu verbessern, weil sie nicht versteht, was ihr vorgeworfen wird. Im Gegenteil führt das eher zu Demotivation und verschlimmert die Situation nur noch mehr.
Was man nicht sagen sollte	„Mit einem Verhalten wie Ihrem können Sie sich im Unternehmen nicht weiterentwickeln."
Was man sagen sollte	„Es ist wichtig, dass Sie Ihr Verhalten ändern. Dadurch können Sie sich im Unternehmen weiterentwickeln."

Mögliche Fehler (7)

Begangener Fehler	**Kritik zwischen zwei positiven Kommentaren einfließen lassen:** Man meint es in der Regel gut, wenn man Feedback mit einem positiven Aspekt beginnt und beendet, damit sich das Gegenüber nicht schlecht fühlt. Jedoch wird Ihre Nachricht dadurch nicht wie erhofft aufgenommen und verstanden. Die Person wird sich am Ende vielmehr nur an das Negative erinnern. Die Dinge deutlich anzusprechen ist deshalb der beste Weg.
Was man nicht sagen sollte	„Ich weiß, dass man auf dich zählen kann, aber ich bin von deinen Ergebnissen der letzten Woche enttäuscht, obwohl ich weiß, dass du alles tust, was du kannst, damit alles perfekt ist."
Was man sagen sollte	„Deine Ergebnisse der letzten Woche haben mich enttäuscht."

Mögliche Fehler (8)

Begangener Fehler	**Verallgemeinerungen benutzen:** Wenn die andere Person Wörter wie „immer" oder „nie" hört, wird sie abblocken, weil sie an all die Male denkt, bei denen sie nicht gemacht hat, was Sie ihr vorwerfen.
Was man nicht sagen sollte	„Du sollst dem Kunden niemals den Rücken zukehren."
Was man sagen sollte	„Wenn du mit einem Kollegen telefonierst, um nach Informationen für einen Kunden zu fragen, kehre diesem nicht den Rücken zu, er könnte es als mangelnden Respekt aufnehmen."

Mögliche Fehler (9)

Begangener Fehler	**Sich auf die Meinung anderer verlassen:** Die andere Person wird verwirrt darüber sein, wenn Ihre Aussagen nicht von Ihnen kommen. Sie wird überlegen, von welchen Kollegen die Aussagen kommen könnten. In der Defensive wird sie sich nicht auf Ihre Kommentare konzentrieren können und deshalb Ihre Nachricht nicht verstehen.
Was man nicht sagen sollte	„Mir ist zu Ohren gekommen, dass du bei dem Meeting nicht konstruktiv mitgearbeitet hast."
Was man sagen sollte	„Als ich den Bericht gelesen habe, ist mir aufgefallen, dass du beim Meeting nicht konstruktiv mitgearbeitet hast."

Mögliche Fehler (10)

Begangener Fehler	**Ins Privatleben einmischen:** Wenn Sie die aktuelle Situation der anderen Person oder psychische Gründe für ein bestimmtes Verhalten analysieren, kann es schnell passieren, dass Sie sich irren. Es ist nicht produktiv, das Privatleben miteinzubeziehen. Im Gegenteil: Ihr Gegenüber könnte deswegen Ihr Feedback abblocken.
Was man nicht sagen sollte	„Ihre Scheidung sollte sich nicht auf Ihre Arbeit auswirken."
Was man sagen sollte	„Ich habe in letzter Zeit einen Leistungsabfall bei Ihrer Arbeit bemerkt."

DIE KUNST FEEDBACK ZU AKZEPTIEREN

Obwohl wir dazu tendieren, die Feedback gebende Person für die Wirkung verantwortlich zu machen, ist es gleichermaßen wichtig, dass der Empfänger zuhört, versteht und akzeptiert. Nur wenige Menschen können gut mit Kritik umgehen, oftmals wegen eines niedrigen Selbstwertgefühls. Damit die Unterhaltung so konstruktiv wie möglich ist, darf der Empfänger sich nicht dafür verschließen und muss aktiv zuhören.

Hinweise

- Seien Sie empfänglich und offen für positive Anmerkungen. Vermeiden Sie es, vorschnell zu urteilen und Kritik persönlich zu nehmen. Konzentrieren Sie sich darauf, was gesagt wird und lassen Sie die Person dafür aussprechen.
- Hören Sie aufmerksam zu, damit Sie die gesamte Situation verstehen, und sich anschließend mit Details und verbesserungswürdigen Punkten beschäftigen können.
- Es ist weder nötig defensiv zu sein, noch sich für alles zu rechtfertigen. Selbst wenn Sie dem Feedback nicht gänzlich zustimmen, ist es besser die Aussagen erst einmal hinzunehmen, anstatt sich darüber zu streiten, wer recht hat.
- Stellen Sie sicher, dass Sie alles verstanden haben und wenn nicht, sollten sie nachfragen. So zeigen

Sie der Person, die ihnen das Feedback übermittelt, dass Sie ihre Anmerkungen ernst nehmen.

- Falls die Kritik unberechtigt ist, versuchen Sie Ihre Perspektive auf ruhige Weise und ohne zu überreagieren zu erklären.
- Um nicht Ihre Fassung zu verlieren, nehmen Sie etwas Abstand und erklären Sie, dass Sie Überdenkzeit brauchen.
- Selbst wenn Sie sich während dem Feedback angegriffen fühlen, werden Sie nicht ausfallend, da die Situation so nur verschlimmert wird. Versuchen Sie zu verstehen, warum Ihr Manager diese Wahrnehmung von Ihnen hat. Auch wenn er vielleicht einen Fehler gemacht hat, haben Sie wahrscheinlich ebenfalls Schwächen, an denen Sie arbeiten können.
- Wenn Sie von Natur aus sensibel sind, behalten Sie im Hinterkopf, dass Feedback dazu dient, Fortschritte zu machen und sich zu verbessern. Kritisiert werden ist nicht gleichbedeutend mit Scheitern, sondern bedeutet im Gegenteil, dass man Verbesserungspotenzial hat.

Das Johari-Fenster

Wenn Feedback verstanden und akzeptiert wird, kann es zahlreiche Vorteile mit sich bringen, beginnend mit einer besseren Selbstkenntnis. Wir haben nur eine partielle Ansicht von uns selbst, unser Umfeld kann uns jedoch dabei helfen, dieses Bild zu vervollständigen. Über Kritik werden Sie mehr über Ihre Stärken und Schwächen erfahren und auf lange Sicht Ihr Selbstvertrauen stärken.

Das Johari-Fenster, das 1955 von den amerikanischen Psychologen Joseph Luft (1916-2014) und Harrington Ingham (1914-1995) kreiert wurde, veranschaulicht das Wissen, das wir über uns selbst haben, sowie das, was andere über uns haben.

Johari-Fenster

Öffentlicher Bereich mir und anderen bekannt	Blinder Fleck nur anderen bekannt
Geheimer Bereich nur mir bekannt	Unbekannte Zone mir und anderen unbekannt (das Unbewusste)

Indem Sie Feedback über Ihren blinden Fleck bekommen, entdecken Sie Schwächen (und Stärken) über die Sie sich eventuell noch nicht bewusst waren und die Sie beheben (oder ausbauen) können, um sich weiterzuentwickeln. Sie werden so auch Ihren öffentlichen Bereich vergrößern, was Kommunikation mit anderen begünstigt.

TIPP FÜR ANGESTELLTE

Hören Sie sich aufmerksam an, was Ihnen gesagt wird, und sehen Sie Feedback als eine Verbesserungsmöglichkeit und nicht als eine Bestrafung an!

TOP TIPPS

- Schaffen Sie ein Vertrauensverhältnis zur betroffenen Person. Machen Sie ihr verständlich, dass das Ziel des Feedbacks ist, zu helfen und nicht zu bestrafen.
- Bleiben Sie neutral und urteilen Sie nicht.
- Vermeiden Sie eine negative oder aggressive Einstellung.
- Gehen Sie in Schritten vor: Einleitung, Erklärung der Fakten, Diskussion, Lösungsentwicklung.
- Passen Sie Ihr Feedback an Ihr Gegenüber an, damit es so viel wie möglich daraus lernen kann.
- Vermeiden Sie eine Informationsüberflutung, bleiben Sie beim Wesentlichen.
- Übermitteln Sie eine klare und präzise Nachricht.
- Stellen Sie sicher, dass die Nachricht und Ihre Absicht richtig verstanden wurden.
- Fokussieren Sie sich auf eine Handlung oder Fakten und nicht auf die Persönlichkeit des Betroffenen.

- Seien Sie offen für eine Diskussion und hören Sie gut zu.
- Einigen Sie sich gemeinsam auf Verbesserungen.
- Beenden Sie das Gespräch positiv, indem Sie Ihren Angestellten ermutigen und ihm versichern, dass Sie in sein Potenzial vertrauen.

FAQ

WAS IST FEEDBACK?

Feedback ist die Bewertung eines Verhaltens oder einer Handlung einer Person, mit dem Ziel, dass diese sich weiterentwickelt oder ihr Vorgehen beibehält. Feedback beinhaltet jedoch kein Urteil. Solange die Kritik konstruktiv bleibt, kann Feedback sowohl positiv als auch negativ sein, verbal oder nonverbal.

WANN SOLLTE ICH FEEDBACK ÜBERMITTELN?

Feedback sollte so schnell wie möglich nach dem betreffenden Vorfall gegeben werden, damit es effizient ist. Wenn Sie mit Ihrem Feedback einen Monat oder noch länger warten, kann sich die Person möglicherweise sind nicht mehr an alle Details erinnern, die ihr vorgeworfen werden und versteht nicht, warum Sie ausgerechnet dann mit ihr sprechen wollen. Ebenso sollten sie für Lob nicht auf ein besonderes Ereignis warten, denn Feedback bietet Ihnen eine gute

Möglichkeit, Anerkennung auszudrücken und Ihre Mitarbeiter – egal zu welchem Zeitpunkt – zu motivieren.

WELCHEN TON SOLLTE ICH ANSCHLAGEN, DAMIT MEIN FEEDBACK RICHTIG AUFGENOMMEN WIRD?

Verwenden Sie einen neutralen, aber empathischen Tonfall. Wenn Sie zu umgangssprachlich sprechen, könnte die betroffene Person Ihre Anmerkungen nicht ernst nehmen. Auch das andere Extrem ist nicht förderlich: Seien Sie nicht zu streng, sonst laufen Sie Gefahr, dass Ihr Feedback negativ aufgenommen wird.

WELCHE SCHRITTE MUSS MAN BEFOLGEN?

Damit Feedback konstruktiv ist, fangen Sie mit der Vorbereitung an: Sagen Sie der betroffenen Person Bescheid und vereinbaren Sie einen Termin. Bauen Sie während des Gesprächs eine Vertrauensbasis auf, erklären Sie die Fakten, fragen Sie sie nach ihrer

Meinung und ihrem Befinden, damit sie sich einbezogen fühlt. Dann versuchen sie gemeinsam Verbesserungsmöglichkeiten zu finden. Vergessen Sie dabei nicht, Ihr Gegenüber zu bestärken: Feedback sollte nicht die Ursache für Unbehagen oder Angst sein.

WAS IST DER UNTERSCHIED ZWISCHEN FEEDBACK UND EINER BEURTEILUNG?

Feedback bezieht sich auf eine Handlung oder Tätigkeit einer Person, niemals auf ihre Persönlichkeit. Es darf keinen negativen Einfluss auf die Selbstachtung, das Selbstvertrauen, die Motivation oder Leistungsfähigkeit haben. Das Ziel von Feedback ist, den Empfänger zu ermutigen sich zu verbessern. Bei einem Urteil hingegen handelt es sich um eine Meinung über jemanden oder etwas, die nicht zwingend gerechtfertigt ist.

WELCHE FEHLER SOLLTE MAN VERMEIDEN?

- Die Situation dadurch verschlechtern, dass man aggressiv ist oder urteilt.

- Feedback sollte nicht zwischen Tür und Angel gegeben werden, sondern in einem privaten Rahmen, ohne ungewollte Mithörer.
- Halten Sie keinen Monolog ab, sondern lassen Sie Ihren Gesprächspartner sich einbringen und seine Meinung und Gefühle äußern. Denken Sie immer daran: Feedback soll konstruktiv sein, nicht bestrafend. Es ist von größter Wichtigkeit, Mehrdeutigkeiten so wenig Raum wie möglich zu geben, um Missverständnisse zu vermeiden.
- Begründen Sie Ihre Nachricht nicht auf der Meinung von dritten oder auf Allgemeines. Ihr Feedback sollte eindeutig sein und auf unwiderlegbaren Fakten basieren.

ICH KANN KRITIK NUR SCHWER ANNEHMEN, WIE KANN ICH BESSER MIT FEEDBACK UMGEHEN?

Um Feedback positiv zu empfangen, seien Sie aufnahmebereit, offen und hören Sie Ihrem Gegenüber aufmerksam zu. Wenn Sie defensiv reagieren, können Sie aus dem Feedback nichts lernen. Falls nötig, geben Sie Erklärungen oder fragen Sie nach.

Wenn die andere Person sehr sensibel ist, sollten Sie ihr Vertrauen gewinnen und ihr das Ziel des Feedbacks erklären. Dabei sollte Ihr Ton neutral, aber empathisch sein. Erinnern Sie sie daran, dass es sich weder um negative Kritik noch eine Verurteilung handelt, sondern um eine konstruktive Äußerung, wodurch sie sich verbessern kann. Das Feedback soll ermöglichen, Stärken, Schwächen und Verbesserungspotenzial aufzudecken. Erklären Sie eindeutig die Auswirkungen des Verhaltens, sowie Ihre Erwartungen und lassen Sie die Person danach ihr Befinden ausdrücken, damit sie sich verstanden und ernst genommen fühlt. Sie können sie auch nach eigenen Verbesserungsvorschlägen fragen, denn diese werden für sie einfacher zu akzeptieren sein.

BLEIBEN SIE POSITIV

Seien Sie positiv, verständnisvoll und unterstützend. Ein guter Leader ist verantwortungsbewusst und bringt sein Team vorwärts, indem er Anstrengungen erkennt und belohnt.

WIE KANN IST SICHERSTELLEN, DASS MEIN FEEDBACK ANGEKOMMEN IST?

Es ist wichtig, Ihren Mitarbeiter langzeitig zu beobachten, um festzustellen, ob er die gemeinsam besprochenen Änderungen in die Tat umsetzen kann. Die Ergebnisse von Feedback werden meistens erst nach einiger Zeit sichtbar.

KANN MAN BEIM FEEDBACK ALLE THEMEN ANSPRECHEN?

Manche Themen sind nicht für Feedback geeignet. Beispielsweise wird stark davon abgeraten, von der persönlichen Situation oder möglichen psychischen Problemen der anderen Person zu sprechen, da Sie damit einen gewissen Groll in ihr auslösen könnten und die Situation verschlimmern. Außerdem ziehen Sie schnell die falschen Schlüsse, wenn Sie sich zu sehr auf das Privatleben der anderen Person konzentrieren.

JETZT SIND SIE GEFRAGT!

Lesen und analysieren Sie das folgende Feedback:

> **Vorgesetzter**: Hallo, Herr Schmidt, ich muss Ihnen etwas sagen, kommen Sie bitte in mein Büro.
> **Angestellter**: Guten Tag, Herr Müller, ja, natürlich... Gibt es ein Problem?
> **Vorgesetzter**: Ich habe gehört, dass Sie einen unangebrachten Kommentar beim Marketing-Meeting gemacht haben. Ich hoffe, das wird sich nicht wiederholen!
> **Angestellter**: Welche Aussage meinen Sie?
> **Vorgesetzter**: Die Bemerkung bezüglich des neuen Konzepts von unseren Kollegen in Paris.
> **Angestellter**: Ich wollte nur sagen, dass es dabei einige Fehler gibt...
> **Vorgesetzter**: Der einzige Fehler bestand darin, wie Sie diese Kritik formuliert haben. Sie haben unsere Geschäftsbeziehungen mit dem französischen Team ruiniert! Vielen Dank auch. Das sollte sich nicht wiederholen. Sie können jetzt gehen und mit Ihrer Arbeit weitermachen.

- Um welche Art von Feedback handelt es sich?
- Ist es ein wirkungsvolles Feedback? Begründen Sie Ihre Antwort.
- Ist die Einstellung des Vorgesetzten angebracht und gerechtfertigt? Erklären Sie.
- Endet das Feedback mit etwas Positivem?
- Welche Änderungen würden Sie vornehmen, damit das Feedback konstruktiv wird?

Nachdem Sie einem Mitarbeiter Feedback gegeben haben, analysieren Sie das Gespräch und vervollständigen Sie die folgende Tabelle:

Aufgabe 2 (1)

	Analyse	Verbesse-rungsmög-lichkeit
Ort Neutral oder nicht?		
Moment • Verstrichene Zeit nach dem betroffenen Ereignis • Tageszeit		
Situation Kurze Beschreibung des Grunds und des Ablaufs vom Feedback		
Verhalten Tonfall und Einstellung		
Nachricht • Ist sie klar? • Kurz? • Präzise? • Wurde sie verstanden?		

Aufgabe 2 (2)

	Analyse	Verbesse-rungsmög-lichkeit
Auswirkung • Wurde sie genannt? • Was sind die Ziele? • Verbesserungspunkte?		
Reaktion der anderen Person • Ist sie empfänglich oder defensiv? • Hat sie sich geäußert? • Hat sie Lösungsvorschläge gemacht?		
Entwicklung • Haben Sie das Ganze weiterverfolgt? • Denken Sie, dass Ihr Feedback hilfreich war?		

Nachdem Sie selber ein Feedback empfangen haben, füllen Sie die folgende Tabelle aus:

Aufgabe 3

	Analyse	Verbesserungsmöglichkeit
Waren Sie aufnahmebereit und offen?		
Waren Sie defensiv? Warum?		
Haben Sie aufmerksam zugehört? Haben Sie die Nachricht verstanden?		
Was war Ihrer Meinung nach das Ziel von diesem Feedback? Haben Sie es verstanden? Wurde Ihnen alles klar beschrieben?		
Haben Sie sich die Situation/das Anliegen näher erklären lassen?		
Haben Sie Lösungsvorschläge gemacht? Haben Sie sie umgesetzt?		
Hatte das Feedback eine positive Schlussbemerkung? Wenn ja, welche?		

Ihre Meinung ist uns wichtig!
Hinterlassen Sie doch einen Kommentar auf der
Seite unserer Online-Buchhandlung
und teilen Sie Ihre Favoriten in den sozialen
Netzwerken!

DARÜBER HINAUS

LITERATURVERZEICHNIS

- Audibert, Olivier: „La pyramide des besoins de Maslow". In: *Psychologiedetravail.com*. http://www.psychologuedutravail.com/psychologie-du-travail/la-pyramide-des-besoins-de-maslow/ (10.01.2019).

- *Duden.de*: „Feedback". https://www.duden.de/rechtschreibung/Feedback (10.01.2019).

- *Le Dico du Marketing*: „Définition Fenêtre de Johari de Luft Ingham". http://www.ledicodumarketing.fr/definitions/fenetre-de-johari-de-luft-ingham.html (10.01.2019).

- Noyé, Didier: *Donner et recevoir du feed-back: la reconnaissance et du recadrage*. Julhiet Éditions: Paris 2012.

- Stone, Douglas; Heen, Sheila: *Thanks For The Feedback: The Science And Art of Receiving a Feedback Well*. Penguin Group: New York 2014.

- Whitmore, John: *Le guide du coaching*. Maxima: Paris 2008.

WEITERFÜHRENDE LITERATUR

- Jordan, Ulrich: „Bloß keinen Konflikt!" (07.11.2018). In: *Zeit Online*. https://www.zeit.de/2018/46/feedback-kritik-fuehrungskraefte-konflikt-angestellte (14.01.2019).

- Wolff, Bettina: „Hey Leute, Feedback ist gut!" (28.12.2016). In: *Frankfurter Allgemeine*. https://www.faz.net/aktuell/beruf-chance/beruf/kommunikation-im-beruf-hey-leute-feedback-ist-gut-14588423.html (14.01.2019).

ISBN digitale Ausgabe: 9782808013901

ISBN gedruckte Ausgabe: 9782808013918

Pflichtexemplar: D/2018/12603/454

Cover: © Plurilingua

Digitale Aufbereitung: Primento, der digitale Partner der Herausgeber